JN411195

| 시인의 말 |

세월만으로는 밀려나고 싶지 않았습니다
이상이 조금이라도 남아 있을 때
시를 통하여
세월과 한번 흥정해 보고 싶습니다
의식의 토목공사에 도전하는 일이야말로
처음이라는 말처럼
가슴 뛰는 일이었습니다
내면의 진정성과 문학정신을 일깨워주신
김용오 시인님의 빠른 쾌유를 빌며
든든한 버팀목이 되어준 내 가족과
회사 임직원들께 감사드립니다
활자의 모퉁이를 서성이던 시간들과
문장, 그 지독한 갈림길에서 방황하던 시간들을
세상 밖으로 밀어내 봅니다.

2011년 초겨울
이택근

| 차례 |

1부

2부

3부

4부

해설_김선주

1부

항해

연필 한 자루만 달랑 쥐고
초저녁 어느 항구의 조그만 배에 올랐다

어디인지도 모른 채
별밭을 헤매는 초승달하고
길을 묻는 바람하고 살만 부딪쳤다
배가 새벽 쪽으로 머리를 돌리자
나는 서둘러 영혼의 옷매무새를 고쳤다

새벽까지 어둠만 건져 올린
허탕 친 뱃길이었으나
밤새도록
금 간 물살은 감쪽같이 아물었다.

푸른 날의 노래

소나무 한 그루
벼랑의 날을 버티고 있다
비유의 바위틈에 발을 끼우고서
낮은 날을 내려다보고 있다
바람은 매처럼
계곡을 낚아채는데
애당초 허름한 중년의 감성만으론
딛지 말아야 할 곳이었는지도 모른다
내 게으른 습관처럼
겨울을 맞고서야 소나기를 고민하는
위태로운 문장들, 바람은 채찍처럼
위험한 거리로 다가오지만
나 이제 몇 줌 햇살과
구름의 힘으로
내 시의 행방을 물으려 하네.

축제

지난밤 서쪽 하늘에
긴 빗금 하나 긋더니
사립문에 걸린 금줄이
파도처럼 출렁이네
아들에서 그 아들까지의
저 모호한 거리는 얼마나 될까

허공을 빠르게 가로지르던 노을이
잠시 쉼표를 찍는 길목
한 몸에서
또 하나의 몸으로 이어지는
찬란한 축제여!

갈대

먼 시간들이 다리를 건너와
강어귀에다 몇 개의 흰 꽃무더기를
양 떼처럼 풀어놓았습니다
들판 저 너머의 마을을 밝혀주기 위한
크고 작은 갈대 숲
누군가의 가슴을 지나야
흰 구름같이 가벼워지는 것들

한여름 홍수가 떠내려 오면
슬그머니 잠겼다가
가을이면 또다시 떠오르는
누군가의 가슴
그 가슴속엔 해마다
한 무리의 양 떼처럼 나타났다 사라지는
그리운 숲 하나 있습니다.

나팔꽃

싸리나무 담장을
돌돌 감으며 오르네요

오르며 오르며
나팔 같은 귀만 키워요

사립문 열고 나온 아낙에게
지난밤 소식 듣는데
햇살을 움켜쥔 솔바람이
서둘러 입을 막네요, 쉿!

또 다른 동행

노을보다 더 깊게 가라앉은
하루 분량의 피곤을 이끌고
집으로 향한다
네온 빛을 다 삼킨
도시 한쪽에서 돌아가신 아버지가
저벅저벅 걸어 나오신다

아버지는 그랬다
이름을 알 수 없는 허기의 끝자락에서
내 악습의 대리인이 되어
마법처럼 공복을 채워주셨다
오늘은 그 아버지가
육신을 놓고서
포장마차의 오래된 저녁과 마주 앉는다
한쪽 귀퉁이가 곪기 시작한 내 삶을
따듯한 우동처럼 건네주며
어깨를 도닥이다가
개 소리가 끊긴 지점에 이르러서야
국화 향처럼 떠나신다

내 아버진 늘 그랬다.

11월

다 떠나네
눈물겨운 짐을 꾸려 떠나네
노란 바람을 끌어 덮으며
차가운 손을 잡고 떠나네

다 떠났네
푸른 기억일랑은 저 먼 들판에 묻어두고
봄이 될 때까지 꾹꾹 참아야 하네
희망이란 초겨울 한때 떠나보내야 할
망각이라도 좋네
더 이상 푸르러질 게 없는
굴뚝을 빠져나가는 지상의 시간들
집을 지키는 건
희미한 보일러의 소음뿐이네

녹슨 하늘 그 무거운 틈을 비집고 내려올
햇살만 있다면
그 이름 애인이라 불러도 좋겠네.

억새

한 해를 살고서도
일흔을 넘어 여든을 바라보듯
햇볕에 하얗게 그을린 당신

그러한 당신의 가슴속에도
불덩이는 있었는지
억새 숲 환한 바람 속에서
날아오른 새들
정말로
숯처럼 까맣습니다.

젖은 옷

일기예보를 챙기지 못했다
아침부터 욱신거림을 외면하던 먹장구름이
한낮의 전조등을 깨운다
구름의 하중을 의심할 사이도 없는
움츠러든 어깨들
오후 3시의 약속들이 한순간에 모아져
하수구를 찾기 시작하고
뒤바뀐 식순처럼 갈팡질팡하다가
합승으로 구겨지는 주말 오후

흠뻑 젖은 한낮이
베란다 세탁기로 향하고
젖은 파충류의 껍질 같은 약속과
거리의 가로수 잎들이
집게 하나에 덜미를 잡히고 만다
또다시 새로운 구름을 끓이듯
포트의 플러그를 꽂는다.

나목

햇살 한 자락 걸치지 않는 몸에
혀가 언 바람이 구석구석 애무한다
뼛속까지 바르르 떨리는 게
마치 오지 않는 아버지를 그리워하던
자정 근처 어머니의 몸부림 같다
들리지 않는 신음소리로
오르가슴의 한끝을 부여잡듯
웅웅웅 세차게 뒤흔들수록
새벽은 덩치 큰 사내처럼 더디 왔고
까치소리가 언 문고리에
쩍쩍 달라붙을 무렵에서야
핼쑥한 나목처럼
집안 구석구석을 헤집던 어머니

최소한의 안전지대이며
최대한의 실종지대를 당당하게 버텨온
그녀의 힘은
고전적 한 가문에 마지막 잎처럼 매달린
유복자 아들이 전부였다.

물방울

나뭇잎에 대롱대롱 매달렸다가
깊은 계곡으로 길을 갈아탔다

이 물 저 물 만나
우연 되고, 친구 되고, 필연 되고
부부 되어 다 맡기니
두려움이 먼저네

바다를 눈앞에 두고
여의도 샛강에서 헤어질까 두렵네
차라리 두물머리로 갈 걸 그랬나

낮달

구름 위를 흐르는 쪽배 하나
허기져 앞으로 넘어질 듯
감나무 끝에 기대어 설 잠든 듯
입새가 허름한 부랑의 날

미리내에서 흘러온 듯한
그대는 누구일까
누렇게 뜬 신문을 베개 삼아
허공보다 더 깊은
길 위를 헤매는 노숙자.

새

무엇 하나 제대로 보이지 않았다
겁 없이 뛰어들었다
허망한 꿈만 꾸던 날개로
푸른 저녁을 향해
힘겹게 뛰어내린 한때
금방이라도 퇴출당할 것 같은
비루한 날개를 접은 채
얇아진 월급봉투와 밀린 카드명세서를
꼬깃꼬깃 숨기고서
포장마차에 들어간다
환불되지 않는 하루를 쪼아 먹다가
자정이 가까운
대문의 초인종 앞을 서성이는데
중간고사를 망친
둘째의 상한 날개를 얼핏 보았던 것 같다.
'아들아! 괜찮아,
가벼운 것들이 더 눈부신 거란다'

다행이라는 이름으로

가슴속에선 바싹 마른 낙엽들이
바스락거리며 나뒹군다
벌써 사나흘 되었지 싶다
수척해진 나무 사이를
몸집을 키운 바람의 일가가
무심하게 지나가고
마지막 꿈인 듯, 내가 모르는
또 다른 나와 함께 서 있다
몇 모금의 커피로
호수의 그림자를 지우는 사이
내가 불행해서 다행이라는 듯
노을은 서쪽 창부터 물들이기 시작한다
다행이라는 이름으로
저녁의 온기 위에
외로움의 체적을 말리며
도시 저쪽을 향해 페달을 힘껏 밟는다
오늘은 정말이지
내가 불행해서 천만다행이다.

2부

진보하는 저녁

늦은 저녁의 중년이 버스종점을 향한다
오늘도 겨우 몸 하나만 건졌다
땅거미 위에 신호대기가 멈추고
새우 눈 같은 피곤과
가지 않는 몇 개의 정거장이
동전처럼 쫄렁거린다
가지 않는 길들은
차창 너머에서 홍등처럼 더 선명하다
찰랑거리는 소리를 따라 들어간
안개 자욱한 포장마차
해가 지지 않는, 또 다른 출근이
탁자 위에 넋두리를 부려놓는데
몽롱한 저녁의 핸드폰 속에다
진부한 문자를
잔소리처럼 구겨 넣는 아내
난 아직도 진보하지 않은 그녀에게
30년 넘게 불경한 손님처럼 들락거린다.

동행

앞서거니 뒤서거니 하는 것보다는
나란히 걷는 게 좋겠어요
햇살 맑은 날 환한 웃음처럼요
그런 게 정말 좋겠어요
찰랑거리는 물결처럼 그런 게 좋아요

그래서 말인데요 우선은
발자국 소리만 가볍게 걸을래요
소나기에 발목이 젖어서
우리의 수다가 무거워져도 좋겠어요
홍수에 우리의 이야기가
어느 쯤에서 둥둥 떠올라도 상관없어요
울컥울컥 내뱉는
강가의 돌멩이들이
우리의 가슴을 다 채운다 해도
강 하류의 자갈밭처럼 함께 뒹굴어요.

춤

은유를 앞뒤로 바꾸어도 보고
몸에 딱 맞는
턱시도 같은 단어도 찾아보고
하루 이틀 쉬었다가 다시 생각하면서
꽃무늬 원피스 같은
수사도 곁눈질하고
좀 더 리드미컬하게
부드럽게 생각의 끈을 놓지 않고
리듬과 감각도 살려도 보고
딱딱하거나 뻣뻣하면 재미가 없으므로
현악기처럼 탄력이 있으면 더 좋을
뽕짝처럼, 블루스처럼
음률을 맞추면 더 좋겠지
빈 곳이 있어야 소리가 울리는 악기처럼
누군가에게 허공보다 더 깊은
춤사위의 여운이 있으면 더 좋겠다.

악몽

보이지도 손에 잡히지도 않았다
남극의 빙하를 다 끌어와도
잠재울 수 없는 견고한 바위
그 안의 활화산 하나 있다

오경에 새벽을 깨우듯
늦가을 봉숭아 씨앗이
또 다른 출가를 서두르듯
순간 다 털고 싶다

어깨 위에 천둥처럼 떨어지는
죽비소리에
뜨거운 상념들이
나비처럼 뿔뿔이 날아간다.

노인 K

노인이 대문 앞에서 무언가 기다린다
집안이 저승의 입구라도 되는 걸까
지나온 날들을 무릎 사이에 끼워 넣고
푸른 저녁과 눈싸움을 한다

농약을 메고 나갔던 어린 손자가
등골에 소금 무늬를 지고
돌아온 후에도
휴식의 발원지가 된
가래 끓는 골목

노인의 버팀목은 기다림이다
도시로 떠난 아들은
끝내 돌아오지 않았고
더 이상 바뀔 운명이 없는 바람만이
녹슨 골목에
맨살처럼 내리 꽂히던, 어느 한때의 소문은
가끔 내 문장들을
무릎처럼 일어서게 한다.

1000년 동안의 충고

아무리 생각해도 마을 입구를 지키는 저 나무의 일가가 존경스럽습니다.

수많은 잎들이 춤을 추다가 제 몸처럼 멈춥니다.

한 몸 한 마음으로 움직이는 고만고만한 것들, 한낮의 매미들이 나무둥치를 껴안고 집요하게 버티다가 오후가 되면 몇몇 노래들은 뚝뚝 떨어지기도 합니다.

해마다 여름이면 견고한 버팀목 같은 기억 하나 붙들기 위해 잃어버린 유년을 찾아 작은 면소재지 근처에 이르곤 합니다.

또다시 바람이 다가오고 잎들이 서로의 마음을 모아 일제히 일어섭니다.

아무리 생각해도 늙은 느티나무 아래에서 내 생의 춤을 배워야겠습니다.

꿈
—콩나물

아내 없는 저녁을 준비한다
고삐 풀린 황소처럼
휘파람을 불며 냉장고를 연다
날개 가득 꿈꾸고 있는 콩나물
화들짝 푸르러져 꿈의 바깥으로
뿔뿔이 흩어질 것 같은 것들

설설 끓어오르는
콩나물의 고소한 냄새를 가르며
기다린 적 없는
전화 벨소리가 울린다
수화기를 밀고 나온 아내의 잔소리는
마치 어린 시절
윗목 콩 시루 보자기처럼 열려져
국적을 알 수 없는 소금국만 먹었다.

손님

—봄소식

지난밤 양철지붕을 두드리던 빗소리가
손님처럼 다녀가셨네
아침부터 푹신한 바람이
누군가의 입김처럼 지나가네
장터의 이른 모종들이
파랗게 눈을 뜨는 소리에 귀가 가렵네
귀를 후비는 나를 보고
햇살이 환하게 웃네

지난밤 다녀간 손님 때문에
잠옷 바람에 뛰쳐나온 목련이
뽀얀 몸을 내놓았네
해마다
발자국 하나 없이 사라지는, 그 손님
지금쯤 얼마나 늙었을까.

2008년

—무자 년

그리고 꼬박 이틀이 걸렸다
사주 속 시한폭탄을
무던히도 헤집고서
딱지 앉은 입을 여는
정동진의 태양과 마주한다
말보다 침묵으로 앞뒤의 생각들을
엮어보기 좋을, 쉰여섯
이미 정수리엔
흰 꽃들이 빽빽하게 피었다
한 해의 입구도
욕망의 가장자리에서 피는 걸까
불량광고물처럼 툭툭 뛰어드는
한 해 분량의 간절한 기원을 따돌리며
개미처럼 되살아나는
인파를 헤치며
서둘러 서울행 기차에 오른다.

덩치가 쥐꼬리만 하던 초등동창 무자 년은 지금쯤 무얼 하고 있을까.

돌담

늦가을의 체온에 소름이 돋는다
담장에서 피가 흐른다
마치 문어발처럼
외삼촌 정강이의 거머리처럼, 발목부터
가슴까지 성한 곳이 없다
아침저녁 일교차가 심해질 때
더 기승을 부린다

돌과 돌 사이에 감추어둔
저 서늘한 무기들
그 옆엔 화두 하나 챙기지 못한
또 한 해의 내가
멀쩡한 몸으로
우두커니 시들어가고 있다.

말, 말말

가벼운 말은
얕은 입에 달려 있어
쉽게 떨어지지만

금 같은 마음은
깊은 막장에 있어
캐내어도 다듬기 쉽지 않다

소중하기야 같지만
콩인지 보리인지를
알고야 엎지를 일이다.

나를 팝니다
—좌판

천둥 번개에 놀란 슬픔과
홍수에 비 한 방울 젖지 않은 기쁨까지
다 꺼내 놓고
누군가와 흥정을 해야 할 때가 있다

먹장구름이 꾸민 음모 속에
길이 끊겨
암흑 속에서 재고만 쌓일 때가 있다

도정기 속의 낟알처럼
정신없이 떠밀리며 나뒹굴다가
가장 낮은 곳의 겸손을 받아내지 못해
빈 자루만 들고 서 있을 때 있다

나는 세상에 없는 별을 찾기 위해
더 푸른 산에 오를 것이므로
그곳에서 내 마지막 인생을
떨이물건으로 에누리 없이 몽땅 팔고 싶다.

욕망의 꼭짓점

엊그제 빵을 하나 훔쳐 먹었습니다
급히 먹어 맛도 몰랐습니다

어제는 두 개를 훔쳐서
아내하고 먹었습니다
배고픈 아내는 맛있게 먹었습니다

오늘은 한 상자를 훔쳤습니다
먹고 남은 것을 감추어 놓았습니다

그런데 말입니다
그런데 말입니다

내일은 말입니다
돈이 되는 걸 훔칠 작정입니다.

시

어릴 적 소꿉친구들에게
생각을 물어 보았다
별, 구름, 바위

그래도 궁하면 길라잡이 책도 열어
한 소절이라도 곁눈질해본다
현대, 국보, 순수

급하면 남의 방으로도 뛰어 들어간다
고환에 물찬 놈처럼
소월, 미당, 백석

벽시계 세 번 치는 소리가 들리면
이쯤해선 접을 수밖에
사전, 시집, 컴퓨터

불 끄고
자고 있는 아내의 가슴까지 뒤져본다
그도 저도 어렵다.

꿈과 공상

은행 다니는 동창 녀석
사업하는 친구의 친구 녀석
신권처럼 빳빳해 보였다

보리밥에 물 말아먹은 오후
가늘어진 명줄에
곁눈질로 바쁜 하루

독수공방에 앉아
돈 떼먹고 도망 간 친구에게
주먹질도 하고
석유도 뽑아내고
월가 은행도 인수하고,

3부

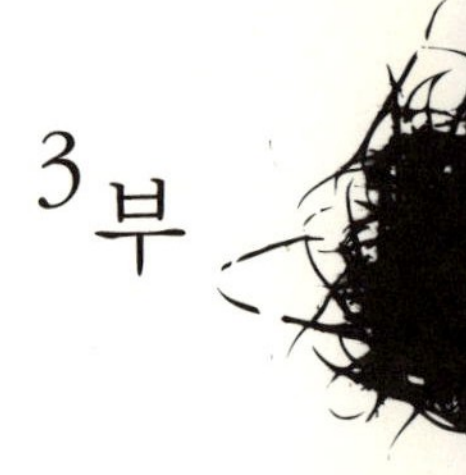

바램이 바램에게

강물에 맑게 씻기어져 검게 빛나는 조약돌 같았으면, 이끼 끼지 않는 단단한 가슴이었으면, 사위는 달빛에도 반짝이는 별이었으면, 너울지지 않는 고요한 물이었으면, 타지 않는 심장이었으면,

촛불 하나로 밤을 밝히는 겨울이었으면, 슬픈 기억들이 빠져나간 자리에 녹슬지 않는 환한 청춘만 남았으면, 죽어도 죽지 않는 화한 은단 같은 마지막 길이었으면,

냉장고

한평생 좁은 구석에서
변함없는 냉기를 제공해주던 냉장고가
그렁그렁 가래 끓는 소리를 낸다
체온을 달구는 여름이 왔지만
기억의 냉기가
치매노인처럼 깜박거리더니
여닫는 소리조차 삐걱거린다
집안의 온갖 음식을 집어먹던
습관 때문인지 문을 열 때마다
잡냄새가 쏟아져 나온다

냉장고를 정성스레 닦으면서도
자꾸 불만을 내놓던 아내가
어느 하루 행복 요양원으로 가는
차량을 불러들인다

가끔은 그녀도 소리가 나는 걸 모른다.

봄날

나른함이 잠보다 더 잔인한 오후
몸이 풀린 바람을 가르며 피어난
당신의 혀 같은 꽃잎도
하품을 해요
마당가 흰 닭들이
환한 봄을 쪼아 먹고는
은단 같은 노래를 해요

어느 날
문득, 내게 사랑이 올 땐
독주 같은 잠에 취한
꽃잎이면 더욱 좋겠어요

나 아직 여기 있어요

아직은 코스모스 꽃잎들이
바람의 그네를 타잖아요

해바라기도 양지 달굼을 하며
낮잠을 즐기고 있구요

이제 막 화장을 끝낸 잎들은
외출 전이라구요

아침저녁 소름이 돋기도 하지만
첫 서리에 서둘러
부츠를 꺼내 신으시다니요

보이지 않으세요?
나 아직 여기 있는 걸요.

목련

성미 급한 사촌누이가 겨울의 끝에서
젖꼭지부터 꺼내놓습니다
누군가 애타게 기다리는 게 분명합니다

속옷 하나 걸치지 않고
천둥벌거숭이로 가지에 나 앉았습니다
구름이 지나가고
비가 다녀가는 난감한 소문들을
천연덕스럽게 버티다가
나팔소리 같은 하얀 함성을
한순간 터뜨립니다

방석에 머리를 처박은 고양이는
며칠째 거실에서 잠만 잡니다.

풍경의 이동통로

지난여름은 뜨거운 다비소 같았다
재만 남은 상념들이 주춤하더니
마른 바람에 뿔뿔이 흩어진다
화염 속에서 알토란 같은 일생들이
홍옥처럼 익어간다
가을이 되기에
가장 적당한 곳을 골라 자리를 잡고서
청자 항아리처럼 부풀어 오르는
살찐 허공
어머니는 그 허공을 멍석처럼 펼치곤
시월의 목록 사이에서 무를 깎는다
해맑은 저 고전적 칼 소리
어쩌면 화장터를 도망친
소나기를 기억하려면
윤회의 수레바퀴에 몸을 기대어
한나절쯤 몽상에 잠겨야 할 것이다
망각의 이재민이 될지도 모른다
배가 불러오는 고양이가
몸속 불안을
눈의 형광물질로 옮기는 저녁은

생각보다 일찍 왔다.

편지

빗자루로 피해도 좋을
가을비가 내렸다
길 위에 소인 없는 노란 소식들이
찰싹 달라붙어 있다가
경적소리가 지나갈 때마다
엽서처럼 몸을 뒤집으며 나뒹군다
거리의 사람들은 낮술에 취한 듯
망각에 취한 듯
또 다른 추억을 제조하기 위해
약국이 있는 모퉁이를 서성이고
나무 둥치 어느 쯤에서
간당간당 붙어 있던 잎 하나가
지나는 행인에게 남은 소식을 건네듯
파르르 고개를 떨어뜨린다
가을의 한가운데 서 있으면
모든 잎들은
전송되지 않는 엽서 같다고
노란 고백을 하고 싶다.

날개

어느 놈은 따가운 햇살이 곤두박질치는 날
물 좋은 예당저수지에서
재수 없는 놈이나 낚고

어느 놈은 영등포구치소에서
외다리로 배 채우기 급급한 비둘기를
먹이로 유인해 올무로 낚아챘다
예당저수지 야광찌는
물에 빠진 별을 건져 올리고
영등포의 찬란한 불빛은 멀쩡한 별빛을
묻어버렸다, 나는 그 사이에서
밤낮으로 날개를 만드느라 오금이 저렸다

날개를 이골 나게 부러뜨려 본
변호사가 날개를 달아 주었으므로
나는 결국 날았다.

눈이 내리네

누군가 허공 어딘가에서
들리지 않는 심오한 연주를 한다
지상의 젖가슴과
사타구니를 가려주며 끊임없이 연주한다

화려한 깃을 세우고
발 없는 몸을 내려놓는
대지의 몸 위에 떨어지는 저 음표
어느 누가 따라 부를 수 있을까
밤새 체위를 바꿀 때마다
나는 끄엉 끄엉
음치 같은 신음소리만 냈다.

아내

아내가 화선지를 펴놓고
붓글씨를 쓴다
초로의 입구를 서성이는 그녀
지나온 여정의 굴곡을
먹물로 다스리느라 진땀을 흘린다
붓끝을 빠져나오는 길들이
그녀의 고전적 품성처럼
정갈하게 번진다
흑과 백 그 어느 쪽으로도
향기를 놓지 않으려던 습성 때문인지
그녀의 주위를 맴돌던 묵향이
천리행장을 꾸리고서
집 앞 계단을 가볍게 내려선다.

장미

타는 속내 꽃잎 겹겹에 번져
차마 병을 말할 수 없네

자그만 불씨
마른 풀 섶에 옮겨 붙어
봄 불처럼 소리 없이 타들어가네

몸 사르며 뜨겁게 흐르는 촛불처럼
풍전등화에 들었네

벌겋게 달아오른 가슴으로
피 말리는 사연들 여기 다 모였네.

들꽃

해질녘 낮은 언덕의 들꽃들이
붉은 석양과
야한 농담을 주고받더니
금방 얼굴이 빨개졌다

허리를 꺾으며 웃던
늦게 핀 코스모스는
영문을 몰라
고개만 갸웃거린다

둥근 바위

앞산 마루의 바위 하나 망중한을 즐긴다
어느 쪽으로 보아도
쉽게 돌아앉지 않는 친구 같다
유난히 말수가 적은
불알친구, 녀석의 뒷머리에
중년이 들어차는 모습을 볼 때마다
저 바위를 생각한다
저 속 어디엔가 있을
푸른 날의 이동로는 어느 쪽으로 나 있을까
바위와 집과는 10분도 안 걸리는 거리를
나는 왜
안식의 마지막 구두점이 찍힐 곳으로
생각하는지 모를 일이다
오늘도 사무실 한쪽에서
견고한 내면 하나 얻지 못한 채
탕자의 귀로처럼 달려 와
숱 없는 녀석의 뒤통수를 바라본다.

할아버님 전 상서

당신에게도 달콤한 추억이 많았겠지요.
마당에 떨어진 감나무의 작은 날개들
끌어 모으는 이 없어
바람에 나뒹굽니다.
평생을 당신에게 업혀 산 지게가
외양간 기둥에 기대어
오지 않는 당신을 기다립니다.
빈집을 천식 소리로 가득 채우던
당신의 숨소리가
이젠 낡은 문짝처럼 늙어갑니다.
생각해보면 깊게 패인 밭이랑이
당신 몸속 주름이었다는 걸
환갑이 내 뒤꿈치까지 따라왔을 때
비로소 깨달았습니다.

아들에게

35년 전 내가 간 길이었다
이제 네가 가는구나

아들아!
발길 닿는 어느 곳도 만만치 않더라
길은 잃지 말아라
준비 없이 남의 길을 따르는 것도
길을 잃는 것이란다.

4부

북한산에서

오염된 영혼 있거든
배낭에 짊어지고 오르시어
깨끗이 씻어 가시게

땀인 양 모아둔 눈물 있거든
더 높이 오르시어
죄 쏟아놓고 가시게

벼랑 끝에 몰린 근심 있거든
폭포처럼 시원하게 버리고 가시게

오르시는 길에
혹여 내 뜻을 알았거든
내려가신 그 길
꼭 되밟고 오시게나.

천수만

하늘과 겹친 호수를 가볍게 짚고서
날아오른 새들이 촉촉하다
가창오리 떼를 따라
바람은 홀쭉한 라면봉지처럼
도시 저쪽의 내 상념을 휘감는다
천수만의 저녁풍경은
커튼 사이로 보일 듯 말 듯한
화려한 식탁 같다
한순간 커튼이 열리고
내 허기의 한쪽을 향해 숟가락질하듯
위대한 식사가 시작된다
서쪽에서 실려 온 어둠이
저벅저벅 걸어 나올 때까지
이곳의 입맛에 맞게 호수의 그림자를
간식처럼 꺼내먹는다
이제 충분히 어두워졌으므로
곱빼기로 던져진
배부른 하루의 끝에서
또 다른 범사를 향해 조용히 돌아선다.

오세암 가는 길

1박 2일을 빌려
오세암을 거쳐 봉정암을 간다
가파른 계단을 지우며
계곡의 주름들을 따돌리며
오르고 또 오른다
마치 다섯 살 동자의 발걸음처럼
뒤뚱뒤뚱 골라 딛는 행렬들
계곡과 계곡 사이에
가쁜 호흡을 밀어 넣지만
어디를 둘러봐도 보우선사*는 안 보이고
잡목 사이로 날카로운 바위들만 보인다
세상의 모든 계단은 이곳에 다 모였는지
고개를 돌릴 때마다 덮쳐오는
밑이 보이지 않는 사다리길
등허리를 붉게 적시며
몇 개의 가파른 고개를 지우자
오방색의 연등이 석가탄신일 방향으로
엄숙한 걸음을 옮기고 있었다.

* 보우선사 : 오세암을 창건하였으며 불교계를 대표하는 승려

고향에서

오래전 인자하신 할아버지의
친구분 이야기는 들었지만
아버지 친구는 왜 안 보이는지 몰라
늙어가는 초가집 웃음소리는
어디로 갔는지 몰라
무쇠 솥 달아오르는 소리 요란한데
김 서린 고구마는
누가 가져갔는지 몰라
개울가 동부 따는 아가씨 옆에서
소 풀 먹이며 나는
어긋난 사랑을 생각하다가
알아보지 못하는 친구 어머니 손잡고
마음만 왜 이리 부서지는지 몰라

늦여름

태양과 뜨겁게 열애 중인
해바라기를 위해
매미가 그늘에서 사랑가를 부르네
오후의 여우비는
가출한 누렁개의 등골만 적시곤
숲 저쪽으로
꼬리도 보이지 않고 도망갔지만
처서는 벌써
코스모스의 의중을 묻네

바람은 몸이 무거운 새 떼들을
또 다른 숲으로
밀어 넣느라 진땀을 흘리는데
가을은 아직 내게 눈길 하나 주지 않네.

늦가을

태글탱글한 가을이 가지를 낮게 잡아당긴다
제 무게를 이기지 못해
허리가 휘는 감나무
얼마 남지 않은 잎들까지 깜짝깜짝 놀란다
잎과 열매를 반납하는 나무들은 안다
혀가 언 바람 속에다
제 안의 열락도 내놓아야 함을 안다
바람의 흥정을
어떻게 따돌려야 하는지도 안다
푸른 감성으로 이 가을의 풍경을
작파하지 못한 아내는
김장 양념에 홍시처럼 붉게 물든 손으로
퇴근하는 나를 맞이한다
오늘도 내 명치 끝 불안의 숲으로는
덩치가 하늘만 한 외로움이
시도 때도 없이 비집고 들어오는데
며칠째 골목입구
마네킹이 걸친 목도리가
아침저녁 내 얇은 지갑을 붙들고
지갑은 허전해 보이는 아내의 목을 붙드는,

이 따듯한 관습을

겨울은 벌써 눈치 챘으리라.

겨울 산

늦가을 한 이틀 비 뒤에 숨어 있었다
앙상한 바람이 구름과 눈이 맞아
새벽까지 불면으로 뒤척이더니
앞산에 흰 가면을 씌워놓았다
사랑도 가끔은
눈먼 손님처럼 다가오는 것
그 산 이튿날은
마을로 미끄러지듯 내려왔고
책가방을 맨 첫째는
날지 못하는 새가 되어 지각을 하였다
또한 아내는 시장 한가운데서
어물전의 동태처럼 내던져졌다
저녁의 찌개는 여전히 간이 딱 맞았지만
흰 두건을 쓴 산이 자객처럼 다가와
육신 하나쯤
쉽게 주저앉힐 수도 있음을
보름 넘게 어머니가 대신 끓이는
짜디짠 찌개를 먹으면서 알았다.

고란사

부소산 무릎에
세상을 등지고 돌아앉았습니다
강 위에서 부서진 바람 몇 줌
아득한 벼랑을 기어오르는 동안
오고 가는 일이 700년 역사를 붙들고
법당을 나오는
목어소리 몇 환하게 붙듭니다
마시면 3년씩 젊어진다는 약수
바람은 시도 때도 없이
약수에 코를 박았는지
말술에 취한 듯
궁녀의 엉덩이처럼 흔들며
돌아나갑니다
젊은 바람과 눈이 맞아 뒤척이던 고란초는
유리벽에 갇혀 늙어 가는데
오고 가는 일,
젊은 부처가 사는 절간 같습니다.

겨울밤

화선지 같은 대지의 어둠이 눈부시다
뜬 눈으로 밤을 지새우며
불면을 소복하게 쌓는다
개 짖는 소리가
골목 입구에서부터 미끄러지고
꽁꽁 언 바람이
술이 덜 깬 듯 비척거리며
발자국도 없이 걸어나간다
창고의 보일러가
가쁜 호흡을 내쉬는 동안에도
거리의 늙은 환쟁이는
곱은 손으로
밤새 보이지 않는 그림만 그리고 있다.

사려니* 숲길

밀림 속 나무들이 하늘을 떠받치고 있다
실오라기 같은 햇살을 매만지며
제 몫의 성장을 꿈꾸는 것들
휴식의 발원지가 직립이라도 되는 걸까
몇몇은 지나온 날들을
죽은 가지에 기댄 채 늙고 있다
부피를 줄인 바람은 제 집인 양 헤집고
숲의 무게에 눌린 듯
낮은 노래를 부르는 새들
아주 가끔은,
빽빽한 나무들이 낯설다
손때 묻은 내 휴식을 이 숲에 부려놓기엔
내가 키워야 할 꿈은
아직은 밀림 같은 도시가
더 유리하기 때문이다
서둘러 숲을 빠져나오며
눅눅한 발길을 아스팔트 쪽으로 돌린다.

* 사려니 숲길 : 신비로운 제주도 숲길(제주도 방언)

억새 2

이른 봄부터 부스스 일어나
바람에 고삐 끌리듯 살아 온 당신
지난 태풍에는 쇠말뚝처럼 박혀서
막다른 뻘질 같은 사나운 바람에
또 한 번 휘청했으리라
속 모르는 사람들은
이래도 좋다 저래도 좋다 지조 없다 하지만
공명에 눈멀어 부도에 쫓기다
내 나이보다 더 오래된
어머니의 장롱에 딱지 붙이고
아내에게 눈치 보는 날
당신만큼 빈 속으로 하늘거리며
오래 견디는 건
재래시장에서
처녀 불알 찾기보다 더 힘들더라.

해인사

짙은 단풍 계곡에 흘러 홍류紅流라 했던가
전설이 눈이 시려 홍류라 했을까

바람에 실린 목탁소리 앞산으로 퍼질 때
석양이 단풍 위에 내려앉아
연기 없이 타고 있네
홍류에서 만난 사내아이는
여인 보고 깔깔대고
스님 보고 헤죽거리는데
사연 많은 여인은 말없이 미소 짓고
부처님 닮은 노승은 아이만 쳐다보네

여인의 해탈은 무심이련가
스님의 해탈은 공심이련가
가슴으로 기약하고 눈으로 헤어지니
이별인지 만남인지 차마 볼 수가 없네

겨울 산 2

하얀 산이 다가와 아침 인사를 하네
멀어졌다 싶으면 새하얗게 다가와
보고 싶다 재촉하네

하얀 웃음을 들쓰고서
먼발치서 손짓하다가
바람의 드레스를 입고서
눈송이처럼 돌아다니네

오늘도 구름은
잔치 준비에 눈코 뜰 새 없다네.

꽃 잔디

한식이 싱겁게 지나치고
오전의 권태가
공원의 꽃 잔디를 가로지른다

저것들이 나는 솔직히 두렵다
내 언제부터 묵정의 계절 속에서
분홍색 욕망을 꿈꾼 적 있던가

어느 구석이건 뭉치는 일은
저 꽃의 습성일까 모험일까
조용하던 공원이 울렁거린다

휴식은 덫에 걸리듯 주저앉았고
바람이 지나갈 때마다
수심을 알 수 없는 분홍빛이
수몰 지구처럼 흔들린다

저 꽃을 만날 때마다
나는 솔직히 말해 두렵다.

묵은지

8월의 아내가 삼 년 묵은 김치를 꺼내놓는다
한낮이 소스라치게 놀란다
내 언제 누군가에 의해
진저리치게 흔들려 본 적 있던가
지난겨울을 가로막은 채
완강하게 달려드는 신맛 속으로
어머니가 들어오신다
도마에 오른 입맛이
한순간 오래된 공상에 드는 동안
내 혀는 이미 단풍으로 바뀌었다
줄줄 흐르는 침 속에서
더욱 희미해지는 내 안의 어머니가
말문이 막혔는지
또다시 김치 독으로
들어가시고는 지금껏 소식이 없다.

| 해설 |

아버지가 가르쳐 준 노래
–이택근 시집 『또 다른 동행』

김선주 (시인, 문학평론가)

1. 꽃은 지는데 축제는 계속되다

이택근의 첫 시집 『또 다른 동행』은 서정을 근간으로 우리의 일상을 촘촘히 담아내고 있다. 그의 시는 화려하지 않아도 촛불처럼 빛나며 "해질녘 낮은 언덕의 들꽃"(「들꽃」)처럼 은근하고 향기롭다. 시집 곳곳에 부재의 아버지가 "햇살 맑은 날 환한 웃음처럼"(「동행」) 등장하여 시적 화자의 근본적 결핍을 채워주고 있다.

사람은 누구나 고독하다. 군중 속에 있다가도 홀로 남을 때면 더욱 그러하다. 뒤늦게 "아들에서 그 아들까지의 저 모호한 거리"(「축제」)를 경험한 화자는 한때 아들이었던 "돌아가신 아버지가" 가족의 이름을 부르며 금방이라도 "저벅저벅 걸어 나오실" 것만 같다.

노을보다 더 깊게 가라앉은
하루 분량의 피곤을 이끌고
집으로 향한다
네온 빛을 다 삼킨
도시 한쪽에서 돌아가신 아버지가
저벅저벅 걸어 나오신다

아버지는 그랬다
이름을 알 수 없는 허기의 끝자락에서
내 악습의 대리인이 되어
마법처럼 공복을 채워주셨다
오늘은 그 아버지가
육신을 놓고서
포장마차의 오래된 저녁과 마주 앉는다
한쪽 귀퉁이가 곪기 시작한 내 삶을
따듯한 우동처럼 건네주며
어깨를 도닥이다가
개 소리가 끊긴 지점에 이르러서야
국화 향처럼 떠나신다

내 아버진 늘 그랬다.

—「또 다른 동행」

화자의 시선에 걸린 노을은 더 이상 '아름다운 풍경'으로 정의되지 않는다. 다만, 정신없이 바쁜 일상에 쫓겨 "하루 분량의 피곤"과 지친 심신을 안고 그저 "집으로 향"할 뿐이다. 저녁놀도 혼탁한 삶의 노폐물인 '피로물질'을 입고 적막한 하늘을 "더 깊게 가라앉은" 빛으로 감싸는 중이다.

생전의 "아버지는 늘 그랬다." 때때로 불안하고 초조해진 마음을 "알 수 없는 허기의 끝자락에서" 발견하여, 마치 "마법처럼 공복을 채워주신" 것이다. "오늘은" 생의 저편에 자리한 "그 아버지가 육신을 놓고서" 속삭이듯 조용히 찾아오셨다. 스산한 바람과 함께 "포장마차의 오래된 저녁과 마주 앉"은 화자의 모습이 보인다. 이미 "한쪽 귀퉁이가 곪기 시작한 내 삶"을 누군가에게 들키고 싶진 않지만, 아버지는 "따듯한 우동처럼 건네주며/어깨를 도닥"여 주신다. 언제나처럼 삶에 지친 아들에게 용기를 주시고 "개 소리가 끊긴 지점에 이르러서야/국화 향처럼 떠나신"다. 지금도 아버지는 그의 인생 '최고의 스승'이자 늘 함께 하는 "또 다른 동행"이다.

어느 날, 시 속의 화자는 "지난밤 서쪽 하늘"에서 유난히 깜박이는 '별 하나'를 목격한다. 그 별은 생명의 끝자락에서 "긴 빗금 하나 긋더니" 최후의 순간까지 섬광처럼 빛나며 이내 빛을 잃고 땅으로 떨어진다. 생명의 끝이 처음과 마주하니, 비로소

죽음은 새로운 탄생을 예고한다.

지난밤 서쪽 하늘에
긴 빗금 하나 긋더니
사립문에 걸린 금줄이
파도처럼 출렁이네
아들에서 그 아들까지의
저 모호한 거리는 얼마나 될까

허공을 빠르게 가로지르던 노을이
잠시 쉼표를 찍는 길목
한 몸에서
또 하나의 몸으로 이어지는
찬란한 축제여!

—「축제」 전문

어느 집에 아이가 태어났는지 "사립문에 걸린 금줄이 파도처럼 출렁"대고 있다. 우리의 인생길도 저 별들의 행로와 닮아 있을까. "아들에서 그 아들까지의 저 모호한 거리는 얼마나 될까" 아들이 아들을 낳고, 아들이 자라서 아버지가 되고, 또 할아버지가 된다. 그렇게 인생의 수레바퀴는 끊임없이 돌고 또 돈다. 가끔씩 "허공을 빠르게 가로지르던 노을이" 허리를 굽히고 "잠시 쉼표를 찍는 길목"에 서면, 사람의 아들은 또 다른 부활을 꿈꾸고 있다. 마치 애벌레의 허물을 벗고 화려한 변신을 거듭하는 나비처럼 "한 몸에서 또 하나의 몸으로 이어지는" 인간의 삶을 이 시에서는 "찬란한 축제"에 비유하고 있다.

시인은 「축제」를 통하여 우리네 인생을 상징적으로 제시한다. 홀로 사는 인생이 아니라 '함께 사는 것'을 시나브로 깨닫게 해준다.

2. 안개 속 그들, 현실을 마주하다

한동안 수많은 꿈을 꾸고 그 속에서 헤매고 있다. 이번엔 "마지막 꿈"같다. 꿈에서 깨면 일상으로 돌아갈 것이다. 현실 직전의 세계는 마치 안개 속 풍경처럼 아련하고 몽환적이다. 안개에 감싸인 두 사람이 보인다. 그들 중 한 사람은 시적 화자인데 다른 또 한 사람은 누구인가.

가슴속에선 바싹 마른 낙엽들이
바스락거리며 나뒹군다
벌써 사나흘 되었지 싶다
수척해진 나무 사이를
몸집을 키운 바람의 일가가
무심하게 지나가고
마지막 꿈인 듯, 내가 모르는
또 다른 나와 함께 서 있다
몇 모금의 커피로

호수의 그림자를 지우는 사이
내가 불행해서 다행이라는 듯
노을은 서쪽 창부터 물들이기 시작한다
다행이라는 이름으로
저녁의 온기 위에
외로움의 체적을 말리며
도시 저쪽을 향해 페달을 힘껏 밟는다

―「다행이라는 이름으로」 일부

어디서든 만나게 되는 "가슴속"의 "바싹 마른 낙엽들"이 거리를 떠돌고 있다. 그것은 황량한 자연이나 타자를 일컫는 것이 아니라, 바로 시적 화자의 마음을 대변한다. 처연하게 "바스락거리며 나뒹구"는 낙엽들은 "벌써 사나흘"이나 거리에 방치된 상태이다. 잎들이 다 떨어지고 앙상한 가지만 남아 "수척해진 나무"를 사이에 두고 겨울을 재촉하는 바람은 더욱 거세게 불어댄다. 바람은 여윈 나뭇가지 사이로 그들의 거대한 몸짓을 향하고 있다.

시적 화자는 "몇 모금의 커피로 호수의 그림자를 지우는 사이" 저절로 흐르는 세월 앞에서 그 역시 지워진다는 생각에 불현듯 슬퍼진다. 어쩌면 스스로 "불행해서 다행이라는 듯" 새삼 의연한 자세로 지난 시간을 반추해본다. 열정을 쏟았던 청춘의 날들이 그립다가도 "서쪽 창부터 물들이기 시작"하는 저녁놀을 바라보며 나름의 미학을 발견한다. 그나마 아직 건강하기에 "다행이라는 이름으로 저녁의 온기 위에" 차가운 고독과 허무를 내려놓는다. 오늘이 끝은 아니다. 세상은 아직도 나를 기다리고 있다. 거듭나는 심정으로 "도시 저쪽을 향해 페달을 힘껏 밟는" 화자의 의욕에 찬 모습이 시의 제목처럼 "다행이라는 이름으로" 다가온다.

3. 잃어버린 꿈과 날개를 찾아서

현대사회는 다양한 군상의 집합체이다. 그 중에서도 "어느 놈은 따가운 햇살이 곤두박질치는 날"에 여행을 다니며 "물 좋은 예당저수지에서" 낚시를 한다. 시의 문장 속 "따가운 햇살이 곤두박질치는 날"은 평상시의 햇볕이 따뜻하고 화창한 날과는 다르다. 무슨 일인지 화자의 마음상태가 불편할 것으로 짐작된다. 그러니 이 여행은 마냥 편하게 즐길 수만은 없는 것이다. 어쩌면 조선시대의 유배 시인처럼 고향으로 쫓겨 온 낙오자의 심정일지도 모른다. 그와 더불어 월척을 낚기엔 역부족인지 매번 "재수 없는 놈이나 낚고" 있다. 혹자는 "재수 없는 놈"이 단순히 물고기를 의미하는 게 아님을 금세 알아챘을 것이다. 이처럼 「날개」의 시 도입부에서는 예당저수지를 공간으로 그 안에서 펄떡이는 물고기에 빗대어 세상 사람들을 풍자하고 있다. 노력해서 무엇이든 이룰 수 있다면 얼마나 좋으랴. 안타깝게도 노력의 대가는 쉽게 주어지지 않는다. 세상은 그런 것이다. 아무리 허우적대며 소리쳐도 기존의 기득권에 의해 급기야 설 자리마저 잃는 예가 허다하다.

어느 놈은 따가운 햇살이 곤두박질치는 날
물 좋은 예당저수지에서
재수 없는 놈이나 낚고

어느 놈은 영등포구치소에서
외다리로 배 채우기 급급한 비둘기를
먹이로 유인해 올무로 낚아챘다
예당저수지 야광찌는
물에 빠진 별을 건져 올리고
영등포의 찬란한 불빛은 멀쩡한 별빛을
묻어버렸다, 나는 그 사이에서
밤낮으로 날개를 만드느라 오금이 저렸다

날개를 이골 나게 부러뜨려 본
변호사가 날개를 달아주었으므로
나는 결국 날았다

—「날개」 전문

때마침 "어느 놈은 영등포 구치소에" 갇혀 있었다. 구치소에 갇힌 사람은 어떤 심정일까. 사회의 규범을 파괴한 죄목을 쓰고 들어온 그는, 이미 날개 잃은 새에 불과하다. 그곳에서 "외다리로 배 채우기 급급한 비둘기를" 만났다. 여기서 비둘기는 구치소에 갇힌 사람과는 구별된다. 즉 변호를 필요로 하는 사람에게 어떤 영향력을 행사할 수 있는 계층을 의미한다. 이를테면 검사나 변호사 같은 권력자를 일컫는다. 또한 장애를 가진 "외다리"의 비유는 온갖 부정한 방법을 써서라도 기어코 소송에 이기고 말겠다는 권력에의 욕망을 나타낸다. 드디어 "어느 놈은" 욕심쟁이 비둘기에게 가장 알맞은 방식을 선택했다. 그는 하찮은 "먹이로 유인해 올무로 낚아채"는 '비둘기 잡기' 의 연습에 한창 몰입해 있다.

사람들은 저마다 그들만의 방식으로 삶을 가꿔나간다. 여행길에 나선 사람은 "예당저수지 야광찌"로 애써 "물에 빠진 별을 건져 올리고" 한창 꿈에 부풀어 있다. 오염된 세상을 어쩌면 '빛나는 별 하나' 가 한층 밝게 정화해 주리라 믿는 것이다. 하지만 그 대립선상에 있는 "영등포의 찬란한 불빛은 멀쩡한 별빛을" 어이없게도 깊은 땅속에 슬쩍 "묻어버렸다". 이제는 찾을 수 없는 먼 곳으로, 땅속 깊은 암흑의 세계로 꽁꽁 가둬버린 것이다. 더 이상 하늘의 별은 빛나지 않고 도시는 사계절 내내 인공 불빛만 휘황찬란하다. 화자는 별빛 없는 공간에서도 "밤낮으로 날개를 만드느라 오금이 저렸"지만 결국 그에겐 해답이 없다.

이윽고 "날개를 이골 나게 부러뜨려 본" 승소 경험이 많은 "변호사가 날개를 달아 주었으므로" 마지못해 "나는 결국 날아"야 했다. 화자의 신념이나 이상 따위는 견고한 사회의 아성을 무너뜨릴 수 없다. 결국 부정한 변호사에게 자신의 안위를 맡겨야 했다. 마침내 승소한 나는 "날개를 달고" 구치소 밖으로 훨훨 날았다.

이택근의 시 「날개」에서는 사람들을 비둘기와 같은 새의 이

미지로 묘사하여 현대인의 뒤틀린 삶을 부각시키고 있다. 덧붙여 소외세력과 기득세력의 대비가 '새와 빛'을 소재로 하여 인상적으로 제시되고 있다.

4. 사람의 아들, 시詩로 날다

세상을 살다보면 추구하던 일이 자신의 의도와 상관없이 예기치 않은 방향으로 흘러갈 때가 있다. 이와 같은 현상을 「나를 팝니다」에선 마음속에 내재한 "슬픔"과 "기쁨"까지 모두 동원하여 "누군가와 흥정을 해야 할 때가 있다"고 이야기한다.

천둥 번개에 놀란 슬픔과
홍수에 비 한 방울 젖지 않은 기쁨까지
다 꺼내 놓고
누군가와 흥정을 해야 할 때가 있다

먹장구름이 꾸민 음모 속에
길이 끊겨
암흑 속에서 재고만 쌓일 때가 있다

도정기 속의 낱알처럼
정신없이 떠밀리며 나뒹굴다가
가장 낮은 곳의 겸손을 받아내지 못해

빈 자루만 들고 서 있을 때 있다

나는 세상에 없는 별을 찾기 위해
더 푸른 산에 오를 것이므로
그곳에서 내 마지막 인생을
떨이물건으로 에누리 없이 몽땅 팔고 싶다.

—「나를 팝니다」 전문

속마음까지 "다 꺼내 놓고" 진심을 전했건만 세상은 그리 너그럽지 못하다. 밝은 햇빛이 언제나 비칠까 고대하며 "먹장구름이 꾸민 음모 속에"서 끝내 주저앉고 만다. 햇빛 없이 싸늘한 "암흑 속에서" 화자는 진정성이란 이름 아래 그동안 소중히 간직해왔던 "기쁨"과 "슬픔"의 감정마저 잃었다. 이제 그들은 '절망이란 이름' 으로 환원되어 "재고만 쌓이"게 하는 불순물에 지나지 않는다. 절망은 "도정기 속의 낱알처럼" 어디로 가는지 모르고 "정신없이 떠밀리며 나뒹굴다가" 넘어지기 일쑤이다. 그는 "가장 낮은 곳의 겸손을 받아내지 못해" 더욱 지치고 남루해졌다. 결국 빛나는 "겸손"의 가치를 알아채지 못했기에 오늘도 허탕치고 "빈 자루만 들고 서 있"을 뿐이다.

교만과 탐욕이 가득한 곳이 바로 화자가 숨 쉬는 세상이다. 그도 이곳에서 살아남기 위해 한때는 부와 명예를 꿈꾸며 '욕망의 끈' 을 애써 잡아야 했다. 이제 "나는 세상에 없는 별을 찾기 위해" 욕망의 끈을 늦춰야 한다. 그 별에는 순결한 기쁨과 슬픔의 정서가 넘친다. 마음을 비우고 "더 푸른 산에 오를" 예정이다. 정상에 오르면 "그곳에서 내 마지막 인생을" 맡겨야 한다. 그동안 철없이 지켜왔던 잘못된 욕망을 버리고 "떨이물건으로 에누리 없이" 남아 있는 인생을 "몽땅 팔고 싶"은 화자의 마음이 "푸른 산"으로 그려진다. 비로소 화자는 바쁜 일상에서 벗어나 새로운 삶으로 진입하는 중이다.

또 다른 동행

또 다른 동행

이택근 시집

문학의전당

문학의전당 · 신작시집
또 다른 동행

초판인쇄 2011년 12월 26일
초판발행 2011년 12월 31일

지 은 이 이택근
펴 낸 이 김충규
펴 낸 곳 문학의전당
출판등록 제387-2003-00048호(2003년 9월 8일)

주 소 420-752 경기 부천시 원미구 상동 392 한아름마을 1511-1603
편 집 실 121-718 서울시 마포구 공덕2동 404 풍림VIP빌딩 413호
전화번호 02-852-1977
팩시밀리 02-852-1978
전자우편 mhjd2003@naver.com
블 로 그 http://blog.naver.com/mhjd2003

I S B N 978-89-97176-18-2 03810